一一八四	二十六さい	一月《がつ》、大津《おおつ》で源義仲《みなもとのよしなか》をやぶる 二月《がつ》、一《いち》の谷《たに》の戦《たたか》いで平氏《へいし》をやぶる 八月《がつ》、後白河法皇《ごしらかわほうおう》から検非違使左衛門尉《けびいしさえもんのじょう》（判官《ほうがん》）に任《にん》じられる 九月《がつ》、頼朝《よりとも》のすすめで武蔵国《むさしのくに》の武将《ぶしょう》・河越重頼《かわごえしげより》のむすめと結婚《けっこん》する
一一八五	二十七さい	二月《がつ》の屋島《やしま》の戦《たたか》い、三月《がつ》の壇ノ浦《だんのうら》の戦《たたか》いで平氏《へいし》をほろぼす 鎌倉《かまくら》に入《はい》ることをゆるされず、腰越《こしごえ》で頼朝《よりとも》に手紙《てがみ》をかく 十一月《がつ》、義経《よしつね》、判官《ほうがん》の職《しょく》をとかれる 十一月《がつ》、頼朝《よりとも》の要求《ようきゅう》で、後白河法皇《ごしらかわほうおう》が義経追討《よしつねついとう》の命令《めいれい》を出《だ》す
一一八七	二十九さい	二月《がつ》ごろ、京都《きょうと》から追《お》われ、奥州《おうしゅう》にむかう 十月《がつ》、藤原秀衡《ふじわらのひでひら》が病気《びょうき》でなくなる
一一八九	三十一さい	四月《がつ》、頼朝《よりとも》の命令《めいれい》をうけた藤原泰衡《ふじわらのやすひら》におそわれ、自害《じがい》する 七月《がつ》、頼朝《よりとも》が奥州藤原氏《おうしゅうふじわらし》をほろぼす
一一九二		七月《がつ》、頼朝《よりとも》が征夷大将軍《せいいたいしょうぐん》となり、鎌倉幕府《かまくらばくふ》をひらく

この本《ほん》について

『よんで しらべて 時代《じだい》がわかる ミネルヴァ日本《にほん》歴史人物伝《れきしじんぶつでん》』シリーズは、日本《にほん》の歴史上《れきしじょう》のおもな人物《じんぶつ》をとりあげています。

前半《ぜんはん》は史実《しじつ》をもとにした物語《ものがたり》になっています。有名《ゆうめい》なエピソードを中心《ちゅうしん》に、その人物《じんぶつ》の人生《じんせい》や人《ひと》がらなどを楽《たの》しく知《し》ることができます。

後半《こうはん》は解説《かいせつ》になっていて、人物《じんぶつ》だけでなく、その人物《じんぶつ》が生《い》きた時代《じだい》のことも紹介《しょうかい》しています。物語《ものがたり》をよんだあとに解説《かいせつ》をよめば、より深《ふか》く日本《にほん》の歴史《れきし》を知《し》ることができます。

歴史《れきし》は少《すこ》しにがてという人《ひと》でも、絵本《えほん》をよんで楽《たの》しく学《まな》ぶことができます。歴史《れきし》に興味《きょうみ》がある人《ひと》は、解説《かいせつ》をよむことで、さらに歴史《れきし》にくわしくなれます。

■解説《かいせつ》ページの見《み》かた

人物《じんぶつ》についてくわしく解説《かいせつ》するページと時代《じだい》について解説《かいせつ》するページがあります。

文中《ぶんちゅう》の青《あお》い文字《もじ》は、31ページの「用語解説《ようごかいせつ》」で解説《かいせつ》しています。

写真《しゃしん》や地図《ちず》など理解《りかい》を深《ふか》める資料《しりょう》をたくさんのせています。

「もっと知《し》りたい！」では、その人物《じんぶつ》にかかわる博物館《はくぶつかん》や場所《ばしょ》、本《ほん》などを紹介《しょうかい》しています。

「豆《まめ》ちしき」では、人物《じんぶつ》のエピソードや時代《じだい》にかんする基礎知識《きそちしき》などを紹介《しょうかい》しています。

よんでしらべて時代がわかる
ミネルヴァ日本歴史人物伝

伝説になった悲劇の若武者

源義経《みなもとのよしつね》

監修 木村 茂光
文 西本 鶏介
絵 狩野 富貴子

もくじ

ミネルヴァ書房

馬《うま》でがけをかけおりた若武者《わかむしゃ》

源義経《みなもとのよしつね》は幼名《ようみょう》を牛若《うしわか》といい、一一五九年《ねん》（平治元年《へいじがんねん》）、源氏《げんじ》の総大将《そうだいしょう》だった源義朝《みなもとのよしとも》の九番目《ばんめ》の男《おとこ》の子《こ》として京都《きょうと》に生《う》まれました。しかし、その年《とし》の十二月《がつ》におきた平治《へいじ》の乱《らん》で源氏《げんじ》が平氏《へいし》にやぶれ、義朝《よしとも》はにげるとちゅうで、殺《ころ》されてしまいました。

母《はは》とともに牛若《うしわか》もつかまりますが、まだ赤《あか》んぼうだったため、三さいまで母《はは》に育《そだ》ててもらえました。そして、十一さいのとき、おぼうさんになる約束《やくそく》で京都《きょうと》の鞍馬寺《くらまでら》へあずけられます。名前《なまえ》を遮那王《しゃなおう》とあらため、きびしい修行《しゅぎょう》がはじまりました。朝《あさ》はやくから寺《てら》のそうじや台所《だいどころ》の水《みず》くみをさせられ、それがすむと、お経《きょう》をよんで文字《もじ》をおぼえます。やすむひまもありません。

負《ま》けずぎらいの遮那王《しゃなおう》は歯《は》をくいしばってがんばりました。しかし、がんばればがんばるほど、さむらいの子《こ》の血《ち》がさわぎます。師《し》の禅林坊《ぜんりんぼう》やおぼうさんたちの目《め》をぬすんでは寺《てら》をぬけだし、鞍馬《くらま》の山《やま》を走《はし》りまわり、自分《じぶん》でつくった木刀《ぼくとう》で、まわりの草木《くさき》をきりまくりました。日《ひ》がたつにつれ、顔《かお》は日《ひ》に焼《や》け、生《なま》きずのたえない山《やま》ザルのような少年《しょうねん》になっていきました。それでも遮那王《しゃなおう》の頭《あたま》のよさは、ほかの弟子《でし》の比《ひ》ではありませんでした。一度《いちど》おぼえたお経《きょう》はけっしてわすれず、深《ふか》い仏《ほとけ》の教《おし》えもすぐに理解《りかい》できました。

遮那王《しゃなおう》が鞍馬寺《くらまでら》へ来《き》て四年《ねん》がすぎました。あどけない表情《ひょうじょう》はすっかりきえ、若者《わかもの》らしいりりしさが目《め》だつようになりました。そんなある日《ひ》、遮那王《しゃなおう》は師《し》の命《めい》で古文書《こもんじょ》の整理《せいり》をしていてひとまきの系図《けいず》を見《み》つけ、源氏《げんじ》はりっぱな武士《ぶし》の家《いえ》がらであることを知《し》ります。それなのに、いまは、平氏《へいし》によって源氏《げんじ》は朝廷《ちょうてい》の敵《てき》にされているのです。

遮那王《しゃなおう》は系図《けいず》をもったまま、禅林坊《ぜんりんぼう》のもとへかけつけました。

「わたしは、もう僧《そう》などにはなりたくありません。源氏《げんじ》の嫡流《ちゃくりゅう》（直系《ちょっけい》の血筋《ちすじ》）として平《へい》氏《し》をたおす武士《ぶし》になりとうございます。」

「今日《きょう》までだまっていたが、義朝公《よしともこう》の子《こ》であるそなたはたしかに源氏《げんじ》の嫡流《ちゃくりゅう》ぞ。しかし、仏門《ぶつもん》に入《はい》ることで、ゆるされたいのち。遮《しゃ》那王《なおう》の生《い》きる道《みち》はすぐれた僧《そう》となって世《よ》につくすことじゃ。」

いつになくやさしくさとされても、遮那王《しゃなおう》にはどうしても納得《なっとく》できません。それからというもの、遮那王《しゃなおう》は毎晩《まいばん》、おぼうさんたちがねしずまるのをまって寺《てら》をぬけだし、山《やま》おくで剣術《けんじゅつ》のけいこにはげみました。

そんな遮那王《しゃなおう》のまえに、とつじょとして、てんぐのすがたをした男《おとこ》があらわれ、剣術《けんじゅつ》を教《おし》えてくれました。男《おとこ》のおかげで遮那王《しゃなおう》の剣《けん》のうでまえは、めきめきと上達《じょうたつ》しました。数《すう》年《ねん》がすぎたころ、男《おとこ》は、

「もはや、これ以上《いじょう》教《おし》えることはない。これでおわかれだ。かならずや平氏《へいし》をたおしてくれ。」

と、いいのこしてすがたをけしました。遮那《しゃな》王《おう》はなんとしても源氏《げんじ》の再興《さいこう》をはかりたいと思《おも》いました。

それからしばらくして、遮那王《しゃなおう》は京都《きょうと》の五《ご》条《じょう》の橋《はし》の上《うえ》で大男《おおおとこ》の武蔵坊弁慶《むさしぼうべんけい》と戦《たたか》い、みごとにやっつけます。遮那王《しゃなおう》の剣《けん》のうでと人《ひと》がらにほれこんだ弁慶《べんけい》は、生涯忠実《しょうがいちゅうじつ》な家来《けらい》になることを決《き》めました。

平氏《へいし》をほろぼすとちかった以上《いじょう》、もはや鞍《くら》馬寺《までら》にとどまることはできません。そっと寺《てら》をぬけだした遮那王《しゃなおう》のまえに、ひとりの商人《しょうにん》すがたの男《おとこ》がちかづいてきました。

「もしや源氏《げんじ》の総大将《そうだいしょう》源義朝公《みなもとのよしともこう》のご子息《しそく》、牛若《うしわか》さまではございませんか。」

「いかにも、わたしは牛若《うしわか》です。いまは遮那《しゃな》王《おう》とよばれています。」

「申《もう》しおくれましたが、わたしは吉次《きちじ》と申《もう》します。陸奥国《むつのくに》（いまの青森県《あおもりけん》・岩手県《いわてけん》・宮《みや》城県《ぎけん》・福島県《ふくしまけん》・秋田県北東部《あきたけんほくとうぶ》）の平泉《ひらいずみ》にすまいしておりまして、あきない（商売《しょうばい》のこと）のため、ときどき京《きょう》へまいります。平《ひら》泉《いずみ》には藤原秀衡《ふじわらのひでひら》さまがおいでになり、奥州《おうしゅう》（陸奥国《むつのくに》の別名《べつめい》）をおさめておられます。その秀衡《ひでひら》さまが申《もう》されるには、たとえ平氏《へいし》が権力《けんりょく》をにぎろうと、むかし、源氏《げんじ》よりいただいた恩《おん》はけっしてわすれておらぬ。源《げん》氏《じ》の嫡流《ちゃくりゅう》である牛若《うしわか》さまが鞍馬寺《くらまでら》にあずけられているときく。たずねていって、なにかおこまりのことがあれば、相談《そうだん》にのってさしあげるようにとのおおせで、こうしてたずねてまいりました。」

わたりに船《ふね》とはこのことです。遮那王《しゃなおう》はこれまでのことをくわしく話《はな》し、

「どうか、わたしを陸奥国《むつのくに》へおつれください。」

と、たのみました。

つぎの日《ひ》の朝《あさ》、京《きょう》から東国《とうごく》へむかう商人《しょうにん》たちの一行《いっこう》があり、そのなかに馬《うま》ひきにすがたをかえた遮那王《しゃなおう》もいました。一行《いっこう》はやがて逢《おう》坂関《さかのせき》（京都府《きょうとふ》と滋賀県《しがけん》のあいだにあった関《せき》所《しょ》）をこえ、大津《おおつ》（いまの滋賀県大津市《しがけんおおつし》）の浜《はま》、瀬田《せた》の唐橋《からはし》（大津市《おおつし》の瀬田川《せたがわ》にかかる橋《はし》）をわたり、蒲生郡《がもうぐん》の鏡《かがみ》の里《さと》（滋賀県蒲生《しがけんがもう》郡竜王町《ぐんりゅうおうちょう》にあった宿《しゅく》）に着《つ》きました。

「京《きょう》からここまでは十里《り》（約《やく》四十キロメートル）、もうだいじょうぶ。」

吉次《きちじ》がほっとしていいました。一行《いっこう》がおちついたのは吉次《きちじ》の友人《ゆうじん》である長者《ちょうじゃ》の屋敷《やしき》でした。その夜《よる》、遮那王《しゃなおう》は思《おも》いきって吉次《きちじ》に相談《そうだん》しました。

「秀衡公《ひでひらこう》には一人前《いちにんまえ》の源氏《げんじ》の武士《ぶし》としておあいしたいと思《おも》います。だからここで元服《げんぷく》したいのです。ついては吉次《きちじ》どのに元服《げんぷく》の用《よう》意《い》をととのえていただきたい。」

「わかりました。そこまでおっしゃるなら用《よう》意《い》いたしましょう。」

吉次《きちじ》は長者《ちょうじゃ》にたのみ、元服式《げんぷくしき》の用意《ようい》をしてもらいました。といっても座敷《ざしき》に集《あつ》まったのは吉次《きちじ》とその部下《ぶか》と長者《ちょうじゃ》だけでした。

「世《よ》が世《よ》であれば、名《な》だたる源氏《げんじ》の武将《ぶしょう》のまえで元服式《げんぷくしき》をあげられたものを……。」

吉次《きちじ》は声《こえ》をつまらせました。遮那王《しゃなおう》は、さむらいえぼしを自分《じぶん》で頭《あたま》の上《うえ》にのせました。

唐織《からおり》の直垂《ひたたれ》（当時《とうじ》の武士《ぶし》の正装《せいそう》）に太刀《たち》をもち、すっくとたちあがると、りんとした声《こえ》でいいました。

「予《よ》は源氏《げんじ》の総大将《そうだいしょう》源《みなもとの》義朝《よしとも》の九男《なん》である。豪勇《ごうゆう》で知《し》られた鎮西八郎《ちんぜいはちろう》はおじ、そのおじにちなんで九郎《くろう》、父《ちち》の義《よし》の一字《いちじ》をいただき、今日《きょう》より源九郎義経《げんくろうよしつね》と名《な》のる。」

おさないころの牛若《うしわか》、そして少年時代《しょうねんじだい》の遮那王《しゃなおう》は、のちに天下《てんか》に知《し》られる義経《よしつね》の名《な》をみずから名《な》のり、平氏打倒《へいしだとう》の決意《けつい》をあらたにしたのです。一一七四年《ねん》（承安《しょうあん》四年《ねん》）、十六さいのときでした。

やがて一行《いっこう》のあとを追《お》ってきた弁慶《べんけい》とも再会《さいかい》できました。平泉《ひらいずみ》に着《つ》いた義経《よしつね》はこころよく秀衡《ひでひら》にむかえられ、むすこのようにかわいがられました。そして六年《ねん》後《ご》、平氏《へいし》とのいくさにたちあがった兄《あに》・源頼朝《みなもとのよりとも》のもとへかけつけます。このとき義経《よしつね》は二十二さい、頼朝《よりとも》は三十四さい、母《はは》はちがっても父《ちち》がおなじきょうだいです。ふたりは力《ちから》をあわせ、がんばることをちかいました。

京《きょう》の都《みやこ》で思《おも》いのままに権力《けんりょく》をふるっていた平氏《へいし》も、ついに終《お》わりのときがやってきました。源氏軍《げんじぐん》に追《お》われた平氏一門《へいしいちもん》は船《ふね》で西《にし》へのがれ、ようやく讃岐国《さぬきのくに》（いまの香川県《かがわけん》）へ落《お》ちのびました。そこで勢力《せいりょく》を回復《かいふく》すると、播《はり》磨国《まのくに》（いまの兵庫県南西部《ひょうごけんなんせいぶ》）との国境《くにざかい》にある摂津国《せっつのくに》（いまの大阪府《おおさかふ》・兵庫県南東部《ひょうごけんなんとうぶ》）の一《いち》の谷《たに》というところまで来《き》て陣《じん》をかまえました。そこは、まえが海《うみ》で、うしろはけわしい山《やま》でした。

一一八四年《ねん》（寿永三年《じゅえいさんねん》）二月《がつ》、源義経《みなもとのよしつね》と兄《あに》のひとり・範頼《のりより》のひきいる源氏軍《げんじぐん》も一《いち》の谷《たに》へむかいました。

「背後《はいご》はむりだ。正面《しょうめん》からせめるしかない。」

範頼《のりより》がいいました。しかし、義経《よしつね》の考《かんが》えはちがっていました。

「いや背後《はいご》にこそすきがある。」

といって、義経《よしつね》は騎馬隊《きばたい》だけをつれ、ひよどり越《ごえ》とよばれる、けわしい山道《やまみち》をのぼっていきました。夜《よる》が明《あ》けるころ、義経一行《よしつねいっこう》はがけの上《うえ》に着《つ》きました。目《め》のまえには須磨《すま》、明石《あかし》の海《うみ》が広《ひろ》がり、とおくには淡路島《あわじしま》が見《み》えます。見《み》おろす平氏《へいし》の陣《じん》はねむったままでした。足《あし》もとにはふもとまで六百メートルほどもあるがけが、びょうぶのようにつったっています。

それでも義経《よしつね》にしたがうのは弁慶《べんけい》、伊勢三《いせのさぶ》郎《ろう》、畠山重忠《はたけやましげただ》、熊谷直実《くまがいなおざね》など勇猛《ゆうもう》で知《し》られる武士《ぶし》たちばかりです。

「行《い》くぞ！」

義経《よしつね》が先頭《せんとう》にたっておりはじめました。それを見《み》た家来《けらい》たちも必死《ひっし》にたづなをあやつりながら、つぎつぎとおりていきます。岩《いわ》に足《あし》をとられ、馬《うま》もろとも、もんどりうってころがりおちる者《もの》もいましたが、なんとか全員《ぜんいん》おりることができました。そして陣《じん》のうしろからいっきに乱入《らんにゅう》すると、あちこちに火《ひ》をはなちました。まさか背後《はいご》から敵《てき》がせめてくるとは夢《ゆめ》にも思《おも》わなかった平氏軍《へいしぐん》は、われ先《さき》にと船《ふね》にのり、海《うみ》の方《ほう》へにげだしました。一《いち》の谷《たに》の戦《たたか》いは、わずか数時間《すうじかん》で源氏軍《げんじぐん》の大勝利《だいしょうり》に終《お》わりました。

それから約一年後《やくいちねんご》の翌年《よくとし》三月《がつ》、長門国《ながとのくに》（いまの山口県西部《やまぐちけんせいぶ》）の壇ノ浦《だんのうら》の戦《たたか》いで平氏《へいし》はやぶれ、平清盛《たいらのきよもり》の妻《つま》であった二位尼《にいのあま》は孫《まご》の安徳《あんとく》天皇《てんのう》をかかえて海《うみ》へとびこみ、平氏一門《へいしいちもん》の武《ぶ》将《しょう》たちもつぎつぎとそのあとを追《お》いました。

義経《よしつね》はねがいどおり源氏《げんじ》の復興《ふっこう》をはたしましたが、思《おも》いもかけない不幸《ふこう》がまちうけていました。

壇ノ浦《だんのうら》の戦《たたか》いで平氏《へいし》をほろぼした義経《よしつね》はたいへんな人気者《にんきもの》となり、後白河法皇《ごしらかわほうおう》は京《きょう》へもどった義経《よしつね》を御前《ごぜん》（身分《みぶん》の高《たか》い人《ひと》たちのいるところ）によんでほめ、深《ふか》く信頼《しんらい》するようになりました。しかし、鎌倉《かまくら》にいる源氏《げんじ》の総大将《そうだいしょう》である源頼朝《みなもとのよりとも》は、おもしろくありません。自分《じぶん》のさしずよりも法皇《ほうおう》のさしずをたいせつにしているといううつげ口《ぐち》をきいてすっかり腹《はら》をたて、京《きょう》にいる家来《けらい》たちに義経《よしつね》を討《う》てと命《めい》じたのです。

そこで義経《よしつね》は必死《ひっし》で追《お》っ手《て》をのがれ、ふたたび奥州《おうしゅう》の藤原秀衡《ふじわらのひでひら》のもとへ行《い》きました。秀衡《ひでひら》は義経《よしつね》をあたたかくむかえいれ、平泉《ひらいずみ》の高館《たかだち》というところに館《やかた》までたててくれました。そればかりか、「頼朝《よりとも》がせめてきたら、きょうだいで力《ちから》をあわせて、義経《よしつね》どのをまもるように。」とむすこの泰衡《やすひら》たちにいいました。それから一年《ねん》もしないうちに、秀衡《ひでひら》は病気《びょうき》でなくなり、泰衡《やすひら》があとをつぎました。

秀衡《ひでひら》がなくなると、頼朝《よりとも》はすぐに「義経《よしつね》をさしださなければ、朝廷《ちょうてい》の敵《てき》として攻撃《こうげき》する」という手紙《てがみ》をおくりました。気《き》の弱《よわ》い泰衡《やすひら》は頼朝《よりとも》をこわがり、五百もの兵《へい》をひきつれて、義経《よしつね》の館《やかた》をおそいました。

「なんという腰《こし》ぬけ！」

義経《よしつね》の忠臣《ちゅうしん》である弁慶《べんけい》は館《やかた》のまえへとびだすと、なぎなたをふりまわし、せめてくる敵《てき》兵《へい》を手《て》あたりしだいにきりたおしました。しかし、味方《みかた》の兵《へい》はわずかで、あとからあとからおしよせる敵兵《てきへい》につぎつぎとたおされていきます。

弁慶《べんけい》はふたたび館《やかた》へもどると義経《よしつね》にいいました。

「との、おかくごを。」

義経《よしつね》はしずかにうなずくと、

「弁慶《べんけい》の忠義《ちゅうぎ》、うれしく思《おも》うぞ。長《なが》いあいだ、本当《ほんとう》に世話《せわ》をかけた。さらばじゃ。」

といい、刀《かたな》を首《くび》にあて、強《つよ》くひきました。義《よし》経《つね》三十一さい、一一八九年《ねん》（文治《ぶんじ》五年《ねん》）のことでした。弁慶《べんけい》はふたたびなぎなたをにぎり、館《やかた》のまえにたちました。そして、何《なん》十本《ぼん》もの矢《や》をからだにうけても、死《し》んだ義経《よしつね》をまもるため、その場所《ばしょ》から動《うご》きませんでした。死《し》んでからもなお、仁王《におう》さまのように、いつまでもたちつづけていたとつたえられています。

源義経《みなもとのよしつね》ってどんな人《ひと》？

平氏《へいし》をほろぼした源義経《みなもとのよしつね》とはどんな人《ひと》だったのでしょうか。

鎌倉幕府《かまくらばくふ》の初代将軍《しょだいしょうぐん》、源頼朝《みなもとのよりとも》の弟《おとうと》

源義経《みなもとのよしつね》は、一一五九年《ねん》（平治元年《へいじがんねん》）に源氏《げんじ》の棟梁《とうりょう》（総大将《そうだいしょう》）だった源義朝《みなもとのよしとも》のむすことして、生《う》まれました。のちに鎌倉幕府《かまくらばくふ》をひらいた源頼朝《みなもとのよりとも》の弟《おとうと》でしたが、頼朝《よりとも》とは母親《ははおや》がちがいました。ふたりの父親《ちちおや》である義朝《よしとも》には大《おお》ぜいの妻《つま》がいて、全部《ぜんぶ》で九人《にん》のむすこと、ふたりのむすめがいました。

頼朝《よりとも》の母《はは》親《おや》は、熱田《あつた》神宮《じんぐう》の大宮《だいぐう》司《じ》のむすめで、義朝《よしとも》の正《せい》妻《さい》でした。一方《いっぽう》、義経《よしつね》の母親《ははおや》・常盤《ときわ》は近衛天皇《このえてんのう》の皇后《こうごう》につかえる下働《したばたら》きの女性《じょせい》でした。義経《よしつね》は義朝《よしとも》の九番目《ばんめ》の末《すえ》むすこでした。

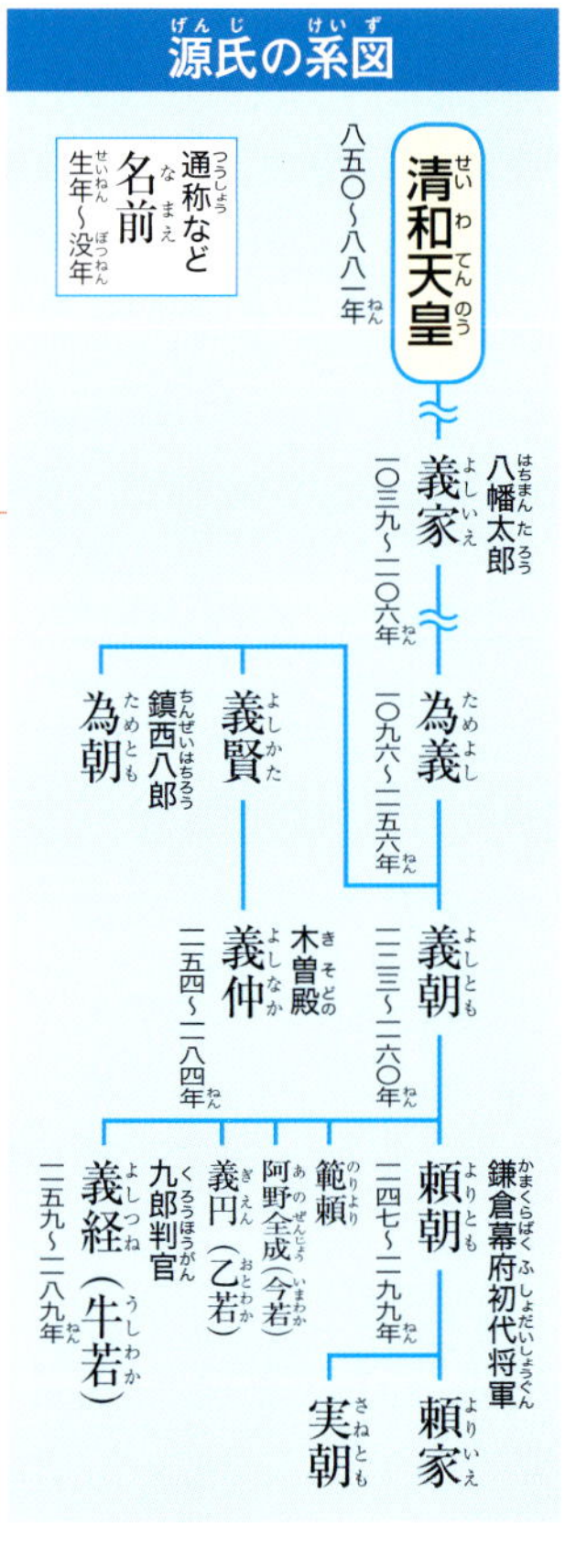

鞍馬寺《くらまでら》ですごした子《こ》ども時代《じだい》

義経《よしつね》が生《う》まれた一一五九年《ねん》（平治元年《へいじがんねん》）に、平治《へいじ》の乱《らん》がおこりました。平清盛《たいらのきよもり》との戦《たたか》いに負《ま》けた父親《ちちおや》の義朝《よしとも》はにげるとちゅうで、知人《ちじん》にうらぎられて殺《ころ》されました。常盤《ときわ》は、義経《よしつね》の兄《あに》である今若《いまわか》、乙若《おとわか》と、まだ牛若《うしわか》とよばれていた赤《あか》んぼうの義経《よしつね》をつれて、清《きよ》

義経《よしつね》の母親《ははおや》・常盤《ときわ》は平清盛《たいらのきよもり》（左《ひだり》）に、子《こ》どもたちを助《たす》けてくれるようにたのんだ。（『平治物語絵巻《へいじものがたりえまき》　常盤《ときわ》の巻《まき》』國學院大学図書館所蔵《こくがくいんだいがくとしょかんしょぞう》）

盛《もり》のもとに行《い》きました。

その後《ご》、常盤《ときわ》は藤原長成《ふじわらのながなり》と再婚《さいこん》し、京都《きょうと》の三人《にん》の子《こ》どもを僧《そう》にするため、京都の鞍馬山《くらまやま》（京都府京都市《きょうとふきょうとし》）にある鞍馬寺《くらまでら》にあずけました。牛若《うしわか》は、十一さいでした。ふたりの兄《あに》は出家《しゅっけ》して僧《そう》になる勉強《べんきょう》をはじめましたが、牛若《うしわか》は僧《そう》になろうとは思《おも》いませんでした。

平泉《ひらいずみ》の藤原氏《ふじわらし》のもとへ

十六さいになった牛若《うしわか》は自分《じぶん》の父親《ちちおや》が源 義朝《みなもとのよしとも》だったことを知《し》り、武士《ぶし》になろうと心《こころ》を決《き》めました。鞍馬寺《くらまでら》をぬけだして、自分《じぶん》で元服《げんぷく》（男子《だんし》が成人《せいじん》するための儀式《ぎしき》）をおこないました。そして、九男《なん》だったことから「源九郎義経《げんくろうよしつね》」と名《な》のることにしました。

義経《よしつね》は母親《ははおや》の再婚相手《さいこんあいて》である藤原長成《ふじわらのながなり》の親戚《しんせき》をたよって、平泉《ひらいずみ》（いまの岩手県西磐井郡《いわてけんにしいわいぐん》）へ行《い》ったといわれています。当時《とうじ》の東北地方《とうほくちほう》は奥州藤原氏《おうしゅうふじわらし》の秀衡《ひでひら》がおさめていました。

奥州藤原氏《おうしゅうふじわらし》の初代《しょだい》・清衡《きよひら》とむすこの基衡《もとひら》、孫《まご》の秀衡《ひでひら》の時代《じだい》は「奥州藤原氏《おうしゅうふじわらし》三代《だい》」とよばれ、平泉文化《ひらいずみぶんか》がもっともさかえた時代《じだい》でした。東北《とうほく》は金《きん》の産地《さんち》だったために財政《ざいせい》がゆたかで、日本《にほん》のなかでも独立国《どくりつこく》のようになっていたのでした。

自分《じぶん》をたよって奥州《おうしゅう》（いまの東北地方《とうほくちほう》）までやってきた義経《よしつね》を、秀衡《ひでひら》はわが子《こ》のようにかわいがりました。義経《よしつね》は平泉《ひらいずみ》で、はじめて落《お》ち着《つ》いた生活《せいかつ》をおくることができたのでした。

源 義経《みなもとのよしつね》の肖像《しょうぞう》とされる絵《え》。色白《いろじろ》で背《せ》は高《たか》くなかったとつたわる。
（『伝 源 義経公肖像《でんみなもとのよしつねこうしょうぞう》』中尊寺所蔵《ちゅうそんじしょぞう》）

奥州藤原氏《おうしゅうふじわらし》の系図《けいず》

経清《つねきよ》 ?～一〇六二年《ねん》
│
清衡《きよひら》 一〇五六～一一二八年《ねん》
│
基衡《もとひら》 一一〇五?～一一五七?年《ねん》
│
秀衡《ひでひら》 一一二二?～一一八七年《ねん》
│
泰衡《やすひら》 一一五五?～一一八九年《ねん》

名前《なまえ》
生年《せいねん》～没年《ぼつねん》

奥州《おうしゅう》の平泉文化《ひらいずみぶんか》を代表《だいひょう》する建造物《けんぞうぶつ》、中尊寺《ちゅうそんじ》の金色堂《こんじきどう》。金《きん》ぱくでおおわれた御堂《みどう》の中央《ちゅうおう》には、藤原氏《ふじわらし》三代《だい》の遺体《いたい》と泰衡《やすひら》の首《くび》がおさめられている。（写真提供《しゃしんていきょう》：中尊寺《ちゅうそんじ》）

藤原秀衡《ふじわらのひでひら》の肖像《しょうぞう》。頼朝《よりとも》の勢力《せいりょく》に対抗《たいこう》するときのためにも、義経《よしつね》をたいせつにした。
（『藤原氏三代画像《ふじわらしさんだいがぞう》』毛越寺所蔵《もうつうじしょぞう》）

頼朝《よりとも》との対面《たいめん》

当時《とうじ》の武士《ぶし》の子《こ》どもは、母親《ははおや》とくらしていました。母親《ははおや》がちがえば、父親《ちちおや》がおなじきょうだいでも、あうことはめったにありませんでした。

しかし、一一八〇年《ねん》（治承《じしょう》四年《ねん》）、兄《あに》の頼朝《よりとも》が平氏《へいし》をたおすためにたちあがったことを知《し》ると、義経《よしつね》はすぐに兄《あに》のもとにかけつけました。静岡《しずおか》でおこった富士川《ふじかわ》の戦《たたか》いで、平維盛《たいらのこれもり》ひきいる平氏軍《へいしぐん》をやぶった頼朝《よりとも》が、黄瀬川《きせがわ》（静岡県沼津市《しずおかけんぬまづし》）までもどってきたとき、義経《よしつね》ははじめて頼朝《よりとも》にあうことができたのです。

その後《ご》、義経《よしつね》は頼朝《よりとも》を助《たす》け、一《いち》の谷《たに》の戦《たたか》い、屋島《やしま》の戦《たたか》い、壇ノ浦《だんのうら》の戦《たたか》いなどで勝利《しょうり》をおさめ、平氏《へいし》をほろぼしました。

頼朝《よりとも》とのなかたがい

源氏《げんじ》の棟梁《とうりょう》である頼朝《よりとも》は、源氏一族《げんじいちぞく》を自分《じぶん》の命令《めいれい》にしたがわせて、まとめていました。しかし、いくさで大活躍《だいかつやく》をした義経《よしつね》は、頼朝《よりとも》の命令《めいれい》を気《き》にしませんでした。後白河法皇《ごしらかわほうおう》から朝廷《ちょうてい》の官職《かんしょく》をもらうときも、頼朝《よりとも》には相談《そうだん》しませんでした。義経《よしつね》はいくさ上手《じょうず》でしたが、組織《そしき》のなかでのふるまいについてわかっていなかったのです。

これでは源氏一族《げんじいちぞく》をまとめられなくなると考《かんが》えた頼朝《よりとも》は、義経《よしつね》が京都《きょうと》からもどっても、一族《いちぞく》の本拠地《ほんきょち》・鎌倉《かまくら》にいれようとしませんでした。

その後《ご》、頼朝《よりとも》は、京都《きょうと》にいた義経《よしつね》を家来《けらい》におそわせたり、後白河法皇《ごしらかわほうおう》に「義経《よしつね》は朝廷《ちょうてい》の敵《てき》」といわせるなどして、義経《よしつね》を京都《きょうと》から追《お》いだしました。

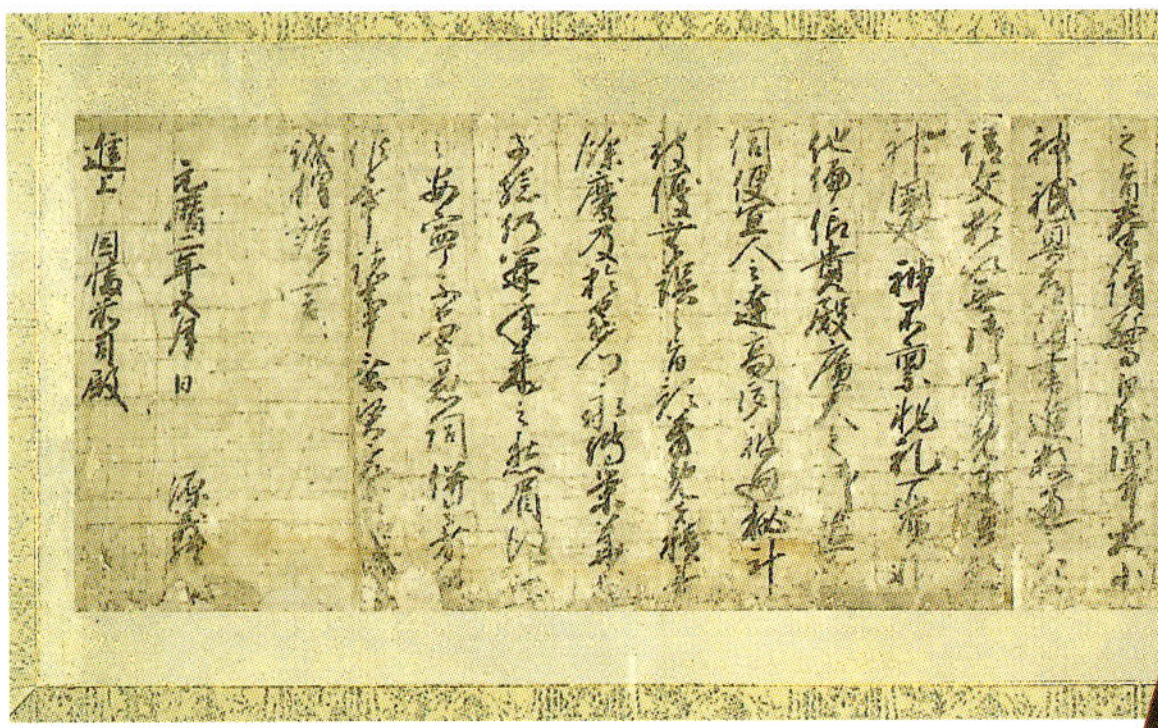

鎌倉《かまくら》に入《はい》れない義経《よしつね》が、頼朝《よりとも》にあててかなしい気持《きも》ちをかいたとされる手紙《てがみ》「腰越状《こしごえじょう》」。その下書《したが》きといわれる、かきつけがのこっている。（満福寺所蔵《まんぷくじしょぞう》）

後白河法皇《ごしらかわほうおう》は、平安末期《へいあんまっき》に30年《ねん》以上《いじょう》院政《いんせい》をおこなった。（「木造後白河法皇像《もくぞうごしらかわほうおうぞう》」長講堂所蔵《ちょうこうどうしょぞう》）

義経《よしつね》の最期《さいご》の場面《ばめん》。たったまま死《し》んだ弁慶《べんけい》（右《みぎ》）のすがたは「弁慶《べんけい》の立往生《たちおうじょう》」とよばれる。往生《おうじょう》とは死《し》ぬこと。（『高館合戦絵巻《たかだちかっせんえまき》　模本《もほん》』東京国立博物館所蔵《とうきょうこくりつはくぶつかんしょぞう》　Image: TNM Image Archives）

平泉《ひらいずみ》で最後《さいご》の戦《たたか》い

朝廷《ちょうてい》と頼朝《よりとも》にねらわれた義経《よしつね》は、あちこちで戦《たたか》いをしかけられました。

一一八七年《ねん》（文治《ぶんじ》三年《ねん》）二月《がつ》、いのちからがら京都《きょうと》からのがれた義経《よしつね》は、ふたたび奥州藤原氏《おうしゅうふじわらし》のもとににげこみました。今度《こんど》も藤原秀衡《ふじわらのひでひら》は、義経《よしつね》をうけいれました。もし、頼朝《よりとも》が奥州《おうしゅう》にせめてくるようなら、義経《よしつね》を中心《ちゅうしん》にして戦《たたか》うつもりだったのです。ところがその秀衡《ひでひら》は、この年《とし》の十月《がつ》に病気《びょうき》でなくなってしまいました。

まえから東北《とうほく》をねらっていた頼朝《よりとも》は秀衡《ひでひら》がなくなったこの機会《きかい》を見《み》のがしませんでした。秀衡《ひでひら》のむすこ・泰衡《やすひら》は、頼朝《よりとも》に何度《なんど》も義経《よしつね》をひきわたすようにせまられ、とうとうその圧力《あつりょく》に負《ま》けてしまいました。一一八九年《ねん》（文治《ぶんじ》五年《ねん》）四月《がつ》、泰衡《やすひら》は義経《よしつね》のすんでいた高館《たかだち》を部下《ぶか》五百騎《き》におそわせました。わずかな家来《けらい》しかいなかった義経《よしつね》は、にげきれないとさとると、みずからいのちをたちました。三十一さいでした。

その後《ご》、頼朝《よりとも》は義経《よしつね》をかくまっていたことを口実《こうじつ》に泰衡《やすひら》をせめ、百年《ねん》ものあいださかえた奥州藤原氏《おうしゅうふじわらし》をほろぼしました。こうして頼朝《よりとも》は、東北《とうほく》を手《て》にいれました。

豆《まめ》ちしき

義経《よしつね》の家来《けらい》・武蔵坊弁慶《むさしぼうべんけい》

義《よし》経《つね》の家来《けらい》の中《なか》で有名《ゆうめい》なのが、武《む》蔵坊弁慶《さしぼうべんけい》です。『平家物語《へいけものがたり》』には熊野別当《くまのべっとう》（熊野新宮《くまのしんぐう》の寺務《じむ》を担当《たんとう》する長官《ちょうかん》）・湛増《たんぞう》の子《こ》で、紀伊国《きいのくに》（いまの和《わ》歌山県《かやまけん》と三重県《みえけん》南部《なんぶ》）出身《しゅっしん》とありますが、くわしいことはわかっていません。何人《なんにん》かの荒法師《あらほうし》（乱暴《らんぼう》な僧《そう》）の話《はなし》がひとつになって、弁慶《べんけい》という人物像《じんぶつぞう》がつくられたのではないかとも考《かんが》えられています。

弁慶《べんけい》は『義経記《ぎけいき》』『吾妻鏡《あづまかがみ》』といった軍記物《ぐんきもの》、歴史書《れきししょ》などに義経《よしつね》の家来《けらい》として登場《とうじょう》し、多《おお》くの伝説《でんせつ》がつたわっています。その代表的《だいひょうてき》なものが「弁慶《べんけい》の立《たち》往生《おうじょう》」で、上《うえ》の『高館合戦絵巻《たかだちかっせんえまき》』にもえがかれています。

JR《ジェイアール》紀伊田辺駅《きいたなべえき》（和歌山県《わかやまけん》）まえにたつ弁慶《べんけい》の銅像《どうぞう》。（写真提供《しゃしんていきょう》：田辺観光協会《たなべかんこうきょうかい》）

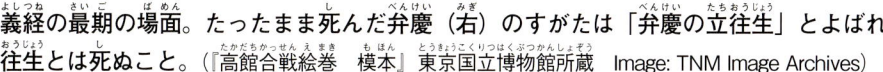

源義経《みなもとのよしつね》が生《い》きた争乱《そうらん》の時代《じだい》

義経《よしつね》が活躍《かつやく》したのは、貴族《きぞく》の時代《じだい》から武士《ぶし》の時代《じだい》への、かわり目《め》のときでした。

武士《ぶし》がおさめる時代《じだい》へ

義経《よしつね》が生《う》まれたころは、まだ貴族《きぞく》の時代《じだい》でした。藤原氏《ふじわらし》などの貴族《きぞく》が天皇《てんのう》とともに政治《せいじ》をおこなっていました。武士《ぶし》の身分《みぶん》はまだまだ低《ひく》く、天皇《てんのう》や貴族《きぞく》の警護《けいご》などをするだけでした。

その貴族社会《きぞくしゃかい》にはじめて入《はい》りこんだ武士《ぶし》が、平氏《へいし》の棟梁《とうりょう》・平清盛《たいらのきよもり》です。清盛《きよもり》は崇徳上皇《すとくじょうこう》と後白河天皇《ごしらかわてんのう》が争《あらそ》った保元《ほうげん》の乱《らん》と、のちの平治《へいじ》の乱《らん》で力《ちから》をみとめられ、武士《ぶし》としてはじめて太政大臣《だいじょうだいじん》になりました。そして自《じ》分《ぶん》のむすめを天皇《てんのう》のきさきに、孫《まご》を天《てん》皇《のう》にすることで、はじめて政治《せいじ》の頂点《ちょうてん》にたった武士《ぶし》となりました。

一方《いっぽう》、源頼朝《みなもとのよりとも》は平氏《へいし》をほろぼしたあと、京《きょう》からはなれた鎌倉《かまくら》に幕府《ばくふ》をつくり、武士《ぶし》が日本《にほん》をまとめる新《あたら》しいしくみをつくったのです。

鎌倉幕府《かまくらばくふ》がほろんだあとも、武士《ぶし》による政治《せいじ》は室町幕府《むろまちばくふ》や江戸幕府《えどばくふ》にうけつがれ、約《やく》七百年《ねん》にわたって武士《ぶし》の時代《じだい》がつづきました。

武士《ぶし》ではじめて政《せい》治《じ》をおこなった、平清盛《たいらのきよもり》。平氏《へいし》による独裁《どくさい》が、貴族《きぞく》などの反発《はんぱつ》をまねいた。（「平清盛坐像《たいらのきよもりざぞう》」六波羅《ろくはら》蜜寺所蔵《みつじしょぞう》）

源平合戦年表《げんぺいかっせんねんぴょう》

年《ねん》	乱《らん》・戦《たたか》いの名前《なまえ》
一一五六年《ねん》	保元《ほうげん》の乱《らん》（義経《よしつね》の祖父《そふ》・源為義《みなもとのためよし》死亡《しぼう》）
一一五九年《ねん》	平治《へいじ》の乱《らん》（平清盛《たいらのきよもり》と戦《たたか》い、義経《よしつね》の父《ちち》・源義朝《みなもとのよしとも》敗走《はいそう》、のち死亡《しぼう》）
一一八〇年《ねん》	石橋山《いしばしやま》の戦《たたか》い（源頼朝《みなもとのよりとも》敗北《はいぼく》） 富士川《ふじかわ》の戦《たたか》い（源頼朝《みなもとのよりとも》勝利《しょうり》）
一一八四年《ねん》	一《いち》の谷《たに》の戦《たたか》い（源氏軍《げんじぐん》勝利《しょうり》）
一一八五年《ねん》	屋島《やしま》の戦《たたか》い・壇ノ浦《だんのうら》の戦《たたか》い（平氏滅亡《へいしめつぼう》）

郵便はがき

料金受取人払郵便

山科支店承認

46

差出有効期間
平成25年4月
20日まで

6 0 7 - 8 7 9 0

(受　取　人)

京都市山科区
日ノ岡堤谷町1番地

㈱ミネルヴァ書房
読者アンケート係 行

◆ 以下のアンケートにお答え下さい。

お求めの
書店名＿＿＿＿＿＿＿＿市区町村＿＿＿＿＿＿＿＿＿＿＿＿＿＿書店

＊ この本をどのようにしてお知りになりましたか？ 以下の中から選び、3つまで○をお付け下さい。

A.広告（　　　　）を見て　B.店頭で見て　C.知人・友人の薦め
D.著者ファン　E.図書館で借りて　F.教科書として
G.ミネルヴァ書房図書目録　H.ミネルヴァ通信
I.書評（　　　　）をみて　J.講演会など　K.テレビ・ラジオ
L.出版ダイジェスト　M.これから出る本　N.他の本を読んで
O.DM　P.ホームページ（　　　　　　　　）をみて
Q.書店の案内で　R.その他（　　　　　　　　）

書　名　お買上の本のタイトルをご記入下さい。

◆ 上記の本に関するご感想、またはご意見・ご希望などお書き下さい。
「ミネルヴァ通信」での採用分には図書券を贈呈いたします。

◆ よく読む分野（ご専門）について、３つまで○をお付け下さい。

1. 哲学・思想　2. 宗教　3. 歴史・地理　4. 政治・法律
5. 経済　6. 経営　7. 教育　8. 心理　9. 社会福祉
10. 高齢者問題　11. 女性・生活科学　12. 社会学　13. 文学・評論
14. 医学・家庭医学　15. 自然科学　16. その他（　　　　）

〒

ご住所　Tel　（　　　）

年齢　性別

お名前《ふりがな》　歳　男・女

ご職業・学校名
（所属・専門）

Eメール

ミネルヴァ書房ホームページ　http://www.minervashobo.co.jp/

頼朝《よりとも》を助《たす》けた義経《よしつね》の活躍《かつやく》

源氏《げんじ》が平氏《へいし》をやぶったとき、大《おお》きなはたらきをしたのが義経《よしつね》です。

源氏《げんじ》はもともと東国《とうごく》（いまの東海《とうかい》・関東地方《かんとうちほう》）に領地《りょうち》をもっていたので、勢力範囲《せいりょくはんい》も東国《とうごく》が中心《ちゅうしん》でした。

それに対《たい》して平氏《へいし》は西国《さいごく》（いまの中国地方《ちゅうごくちほう》など）がおもな領地《りょうち》でした。そのため、源氏《げんじ》との戦《たたか》いに負《ま》けつづけたとき、みかたの多《おお》い西国《さいごく》ににげたのです。とくに瀬戸内海《せとないかい》は平氏《へいし》の本拠地《ほんきょち》で、海《うみ》での戦《たたか》いに強《つよ》い地元《じもと》の水軍《すいぐん》がいました。海《うみ》でなら圧倒的《あっとうてき》に勝《か》てるはずと考《かんが》えた平氏《へいし》は、瀬戸内海《せとないかい》での戦《たたか》いでいきおいをもりかえすつもりでした。

しかし、いくさ上手《じょうず》な義経《よしつね》は、さまざまな情報《じょうほう》を集《あつ》め、不利《ふり》だと思《おも》われていた瀬戸内海《せとないかい》での戦《たたか》いに勝《か》ちました。そして、平氏《へいし》をほろぼしたのです。

義経《よしつね》の大活躍《だいかつやく》のおかげで、西国《さいごく》を支配《しはい》していた平氏《へいし》がほろびました。これにより、頼朝《よりとも》は東北地方《とうほくちほう》などをのぞく地域《ちいき》を、ほぼ支配下《しはいか》におさめることが可能《かのう》になったのです。

平氏《へいし》をほろぼし、鎌倉幕府《かまくらばくふ》をひらいた源《みなもとの》頼朝《よりとも》の像《ぞう》。写真《しゃしん》は、妻《つま》の北条政子《ほうじょうまさこ》がつくらせたとされる、もっとも古《ふる》い頼朝《よりとも》の木像《もくぞう》。（「木造《もくぞう》源《みなもとの》頼朝《よりとも》坐像《ざぞう》」甲斐善光寺所蔵《かいぜんこうじしょぞう》）

豆《まめ》ちしき　判官《ほうがん》びいき

源《みなもとの》義経《よしつね》は源平合戦《げんぺいかっせん》で大活躍《だいかつやく》をして人気者《にんきもの》になったのに、兄《あに》の頼朝《よりとも》となかがわるくなったことから悲劇的《ひげきてき》な死《し》に追《お》いこまれました。日本人《にほんじん》は勝《か》った者《もの》より負《ま》けた者《もの》に共感《きょうかん》する傾向《けいこう》があります。それがむかしから、鎌倉幕府《かまくらばくふ》をひらいた頼朝《よりとも》よりも、義経《よしつね》の方《ほう》の人気《にんき》が高《たか》い理由《りゆう》といわれます。

義経《よしつね》が朝廷《ちょうてい》からさずかった官位《かんい》（検《け》非違使《びいし》左衛門尉《さえもんのじょう》）が別名《べつめい》「判官《ほうがん》」とよばれることから、義経《よしつね》のように負《ま》けた者《もの》にみかたすることを「判官《ほうがん》びいき」といいます。義経《よしつね》を主役《しゅやく》にした人形浄瑠璃《にんぎょうじょうるり》や歌舞伎《かぶき》もつくられ、いまでも多《おお》くの人《ひと》びとに親《した》しまれています。

壇《だん》ノ浦《うら》の戦《たたか》いで、みがるに小舟《こぶね》を８そうもとびわたった義経《よしつね》の像《ぞう》。
（写真提供《しゃしんていきょう》：下関市観光政策課《しものせきしかんこうせいさくか》）

源義経《みなもとのよしつね》が活躍《かつやく》した 源平合戦《げんぺいかっせん》

平安末期《へいあんまっき》、源氏《げんじ》と平氏《へいし》の戦《たたか》いには、有名《ゆうめい》な3つの合戦《かっせん》がありました。

源平《げんぺい》の戦《たたか》い

〈一《いち》の谷《たに》の戦《たたか》い〉

源氏《げんじ》に追《お》われて京《きょう》からにげだした平《へい》氏《し》は、一度《いちど》は九州《きゅうしゅう》までにげましたが、いきおいをもりかえして一《いち》の谷《たに》（いまの兵庫県《ひょうごけん》）までもどってきました。

平氏《へいし》の陣《じん》のうしろには、「ひよどり越《ごえ》」とよばれるけわしいがけがありました。こんながけをおりてくる敵《てき》もいないだろうと平氏《へいし》は安心《あんしん》していました。しかし、義経《よしつね》と家来《けらい》たちは馬《うま》でそのがけをかけおりて、ゆだんしていた平氏《へいし》をうしろからおそったのです。最近《さいきん》では、義経《よしつね》が本当《ほんとう》にひよどり越《ごえ》をかけおりたかどうかについて、研《けん》究《きゅう》が進《すす》められています。

〈屋島《やしま》の戦《たたか》い〉

源氏《げんじ》は瀬戸内海《せとないかい》ににげた平氏《へいし》を追《お》って、屋島《やしま》で戦《たたか》うことになりました。瀬《せ》戸内海《とないかい》は平氏《へいし》の本拠地《ほんきょち》です。平氏《へいし》には水軍《すいぐん》があったため、たくさんの船《ふね》がありましたが、源氏《げんじ》の船《ふね》は多《おお》くないので、陸《りく》からしか攻撃《こうげき》できません。

戦《たたか》いのさなか、平氏《へいし》の船《ふね》が一そう、

義経《よしつね》ひきいる武士《ぶし》たちが、がけの上《うえ》から、かけおりようとしている場面《ばめん》。

「源平合戦図屏風《げんぺいかっせんずびょうぶ》　一《いち》の谷合戦図《たにかっせんず》」（香川県立《かがわけんりつ》ミュージアム所蔵《しょぞう》）

与一《よいち》が矢《や》をはなった直後《ちょくご》の場面《ばめん》。矢《や》はみごとに命中《めいちゅう》、扇《おうぎ》が３つにさけて空中《くうちゅう》に舞《ま》っている。

「源平合戦図屏風《げんぺいかっせんずびょうぶ》　屋島合戦図《やしまかっせんず》」（香川県立《かがわけんりつ》ミュージアム所蔵《しょぞう》）

こぎでてきました。長《なが》いさおの先《さき》に扇《おうぎ》がつけられています。これは陸《りく》から扇《おうぎ》をいおとしてみろという、平氏《へいし》から源《げん》氏《じ》への挑戦《ちょうせん》でした。源氏軍《げんじぐん》から弓《ゆみ》の得《とく》意《い》な那須与一《なすのよいち》が進《すす》みでて、馬《うま》で海《うみ》のなかに入《はい》っていきました。弓《ゆみ》をかまえて矢《や》をいるとみごと命中《めいちゅう》し、扇《おうぎ》は波間《なみま》にひらめきながら落《お》ちました。

源氏《げんじ》からは歓声《かんせい》が、平氏《へいし》の船《ふね》からも与一《よいち》をほめる声《こえ》があがりました。

〈壇ノ浦《だんのうら》の戦《たたか》い〉

強《つよ》い水軍《すいぐん》をもたなかった源氏《げんじ》は、熊《くま》野水軍《のすいぐん》を味方《みかた》にして、五百そうもの大《だい》船団《せんだん》で平氏《へいし》を攻撃《こうげき》しました。平氏《へいし》は源《げん》氏《じ》のいきおいにおされて、とうとう瀬《せ》戸内海《とないかい》の奥《おく》の壇ノ浦《だんのうら》まで追《お》いつめられます。戦《たたか》ううちに潮《しお》のながれがかわり、源氏《げんじ》にさらに有利《ゆうり》になりました。

もうにげられないと覚悟《かくご》した二位尼《にいのあま》（清盛《きよもり》の妻《つま》・時子《ときこ》）は、八さい（いまの六さい）の孫《まご》の安徳天皇《あんとくてんのう》に、「波《なみ》の下《した》にも都《みやこ》はございます」といって、いっしょに海《うみ》にしずみました。

壇ノ浦《だんのうら》の戦《たたか》いで、いさぎよく死《し》を覚悟《かくご》して、碇《いかり》をかつぐ知盛《とももり》の像《ぞう》。（写真提供《しゃしんていきょう》：下関市観光政策課《しものせきしかんこうせいさくか》）

豆《まめ》ちしき

義経《よしつね》のライバル・平知盛《たいらのとももり》

義《よし》経《つね》が屋島《やしま》、壇ノ浦《だんのうら》で平氏《へいし》と戦《たたか》ったとき、平氏軍《へいしぐん》の総大将《そうだいしょう》となったのが、平清盛《たいらのきよもり》の四男《なん》・知盛《とももり》でした。

知盛《とももり》は義経《よしつね》とはげしい戦《たたか》いをくりひろげましたが、源氏《げんじ》に追《お》いつめられた平氏側《へいしがわ》の負《ま》けは、明《あき》らかでした。

二位尼《にいのあま》が孫《まご》の安徳天皇《あんとくてんのう》とともに海《うみ》にとびこんだのを見《み》とどけると、知盛《とももり》も「見《み》るべきほどのことは見《み》つ（平氏軍《へいしぐん》の総大将《そうだいしょう》として見《み》とどけなければいけないことはすべて見《み》とどけた）」といって海《うみ》にとびこみました。

そのとき、あとでうきあがって助《たす》けられ、恥《はじ》をかかないように、よろいをふたり分《ぶん》、または船《ふね》の碇《いかり》をかついで海《うみ》へとびこんだとつたえられています。この伝説《でんせつ》が「碇知盛《いかりとももり》」という物語《ものがたり》となり、歌舞伎《かぶき》や文楽《ぶんらく》になりました。

もっと知《し》りたい！ 源義経《みなもとのよしつね》

源義経《みなもとのよしつね》や弁慶《べんけい》にゆかりのあるところや、源平合戦《げんぺいかっせん》についてかかれた本《ほん》などを紹介《しょうかい》します。

資料館《しりょうかん》 博物館《はくぶつかん》

史跡《しせき》 遺跡《いせき》

源義経《みなもとのよしつね》についてかかれた本《ほん》

満福寺《まんぷくじ》

源義経《みなもとのよしつね》が兄《あに》・頼朝《よりとも》にゆるしてもらうために、この寺《てら》で「腰越状《こしごえじょう》」をかいたとされる。満福寺《まんぷくじ》にはその下書《したが》きや弁慶《べんけい》の腰掛《こしかけ》石《いし》、弁慶《べんけい》の手玉石《てだまいし》といわれる石《いし》など、義経《よしつね》と弁慶《べんけい》ゆかりのものがのこる。

〒248-0033

神奈川県鎌倉市腰越《かながわけんかまくらしこしごえ》2-4-8

☎0467-31-3612

弁慶《べんけい》が腰《こし》かけたという、いいつたえのある「弁慶《べんけい》の腰掛石《こしかけいし》」。（写真提供《しゃしんていきょう》：満福寺《まんぷくじ》）

満福寺《まんぷくじ》は744年《ねん》（天平《てんぴょう》16年《ねん》）に、僧《そう》の行基《ぎょうき》がひらいた。行基《ぎょうき》は聖武天皇《しょうむてんのう》から奈良大仏建立《ならだいぶつこんりゅう》の責任者《せきにんしゃ》とされた僧《そう》として有名《ゆうめい》。（写真提供《しゃしんていきょう》：満福寺《まんぷくじ》）

高館義経堂《たかだちぎけいどう》

中尊寺《ちゅうそんじ》の東方《とうほう》の丘《おか》の上《うえ》にある堂《どう》で、義経《よしつね》の最期《さいご》の地《ち》となったといわれる。丘《おか》のふもとは藤原清衡《ふじわらのきよひら》、基衡《もとひら》の屋敷《やしき》あとで、柳之御所《やなぎのごしょ》遺跡《いせき》という史跡公園《しせきこうえん》になっている。

〒029-4102

岩手県西磐井郡平泉町《いわてけんにしいわいぐんひらいずみちょう》

平泉字柳御所《ひらいずみあざやなぎごしょ》14

☎0191-46-3300

http://www.motsuji.or.jp/gikeido/

義経《よしつね》と弁慶《べんけい》、藤原秀衡《ふじわらのひでひら》がなくなってから800年《ねん》たったことを記念《きねん》してたてられた、源義経主従供養塔《みなもとのよしつねしゅじゅうくようとう》。（写真提供《しゃしんていきょう》：毛越寺《もうつうじ》）

義経《よしつね》が妻《つま》と子《こ》どもといっしょに自害《じがい》した、高館《たかだち》のあと地《ち》にたてられた義経堂《ぎけいどう》。（写真提供《しゃしんていきょう》：毛越寺《もうつうじ》）

『絵巻平家物語《えまきへいけものがたり》』全《ぜん》九巻《かん》

作《さく》／木下順二《きのしたじゅんじ》

絵《え》／瀬川康男《せがわやすお》

ほるぷ出版《しゅっぱん》 2000年《ねん》

『平家物語《へいけものがたり》』で語《かた》られる源氏《げんじ》と平氏《へいし》の戦《たたか》いのようすを、絵本《えほん》にしたシリーズ。

源義経《みなもとのよしつね》や平清盛《たいらのきよもり》、源義仲《みなもとのよしなか》など、一冊《さつ》でひとりの人物《じんぶつ》をとりあげる。むかしの絵《え》巻《まき》のような美《うつく》しい画面《がめん》からは、源平合戦《げんぺいかっせん》の迫力《はくりょく》と世《よ》のむなしさがつたわってくる。

さくいん・用語《ようご》解説《かいせつ》

『吾妻鏡《あづまかがみ》』 …… 25
▼源《みなもとの》 頼朝《よりとも》が平氏《へいし》打倒《だとう》のために挙兵《きょへい》した一一八〇年《ねん》から、一二六六年《ねん》までの鎌倉幕府《かまくらばくふ》の出来事《できごと》をかいた歴史書《れきししょ》。

安徳天皇《あんとくてんのう》 …… 29
▼高倉天皇《たかくらてんのう》と平清盛《たいらのきよもり》のむすめ、徳子《とくこ》の間《あいだ》に生《う》まれた皇子《おうじ》。

「碇知盛《いかりとももり》」 …… 29

石橋山《いしばしやま》の戦《たたか》い …… 26
▼一一八〇年《ねん》、伊豆《いず》で挙兵《きょへい》した源《みなもとの》 頼朝《よりとも》が石橋山《いしばしやま》（神奈川県《かながわけん》）で平氏軍《へいしぐん》にやぶれた戦《たたか》い。

一《いち》の谷《たに》の戦《たたか》い …… 24、26、28

今若《いまわか》 …… 22
▼源《みなもとの》 義経《よしつね》の兄《あに》。出家《しゅっけ》して高《たか》い位《くらい》の僧《そう》となる。阿野全成《あのぜんじょう》と名《な》のり、のちに源氏軍《げんじぐん》に参加《さんか》。鎌倉幕府《かまくらばくふ》の二代将軍《だいしょうぐん》・源《みなもとの》 頼家《よりいえ》と対立《たいりつ》して殺《ころ》される。

奥州藤原氏《おうしゅうふじわらし》 …… 23、25

乙若《おとわか》 …… 22
▼源《みなもとの》 義経《よしつね》の兄《あに》。出家《しゅっけ》していたが、源氏軍《げんじぐん》に参加《さんか》して義円《ぎえん》と改名《かいめい》。墨俣川《すのまたがわ》の戦《たたか》いで戦死《せんし》する。

鎌倉幕府《かまくらばくふ》 …… 22、26、27
▼源《みなもとの》 頼朝《よりとも》が一一九二年《ねん》にひらいた武家《ぶけ》政権《せいけん》。源氏《げんじ》の将軍《しょうぐん》は三代目《だいめ》の実朝《さねとも》で終《お》わったが、その後《ご》、北条氏《ほうじょうし》が執権《しっけん》となり、一三三三年《ねん》までつづいた。

『義経記《ぎけいき》』 …… 25
▼源《みなもとの》 義経《よしつね》の一生《いっしょう》をかいた室町時代《むろまちじだい》の軍記物語《ぐんきものがたり》。

熊野水軍《くまのすいぐん》 …… 29
▼紀伊半島《きいはんとう》のまわりの海《うみ》で活動《かつどう》していた水軍《すいぐん》。

鞍馬寺《くらまでら》 …… 23

元服《げんぶく》 …… 23

腰越状《こしごえじょう》 …… 24

後白河法皇《ごしらかわほうおう》（後白河天皇《ごしらかわてんのう》） …… 24、26
▼鳥羽天皇《とばてんのう》の皇子《おうじ》で、第《だい》七十七代天皇《だいてんのう》。天皇《てんのう》の座《ざ》を二条天皇《にじょうてんのう》にゆずったあとも法皇《ほうおう》として政治《せいじ》をおこなった。

近衛天皇《このえてんのう》 …… 22
▼鳥羽天皇《とばてんのう》の皇子《おうじ》で、後白河法皇《ごしらかわほうおう》の異母弟《いぼてい》。第《だい》七十六代天皇《だいてんのう》。在位中《ざいいちゅう》には鳥羽天皇《とばてんのう》が法皇《ほうおう》として、政治《せいじ》をおこなった。

金色堂《こんじきどう》 …… 23

水軍《すいぐん》 …… 27、28、29
▼西日本《にしにほん》の海《うみ》で貿易《ぼうえき》などをおこなった地方《ちほう》の武士団《ぶしだん》。

崇徳上皇《すとくじょうこう》 …… 26
▼鳥羽天皇《とばてんのう》の皇子《おうじ》で、後白河天皇《ごしらかわてんのう》の兄《あに》。第《だい》七十五代天皇《だいてんのう》。保元《ほうげん》の乱《らん》で負《ま》けて讃岐国《さぬきのくに》（いまの香川県《かがわけん》）にながされる。

平清盛《たいらのきよもり》 …… 22、26、29

平維盛《たいらのこれもり》 …… 24

平知盛《たいらのとももり》 …… 29

高館《たかだち》 …… 25

湛増《たんぞう》 …… 25

壇ノ浦《だんのうら》の戦《たたか》い …… 24、26、27、29

常盤《ときわ》 …… 22、23

那須与一《なすのよいち》 …… 29

二位尼《にいのあま》（平時子《たいらのときこ》） …… 29

ひよどり越《ごえ》 …… 28

平泉《ひらいずみ》 …… 23

富士川《ふじかわ》の戦《たたか》い …… 24、26

藤原清衡《ふじわらのきよひら》 …… 23

藤原長成《ふじわらのながなり》 …… 23

藤原秀衡《ふじわらのひでひら》 …… 23、25

藤原基衡《ふじわらのもとひら》 …… 23

藤原泰衡《ふじわらのやすひら》 …… 23、25

『平家物語《へいけものがたり》』 …… 25
▼鎌倉時代《かまくらじだい》の軍記物語《ぐんきものがたり》。琵琶法師《びわほうし》が琵琶《びわ》の演奏《えんそう》をしながら語《かた》った。

平治《へいじ》の乱《らん》 …… 22、26

「弁慶《べんけい》の立往生《たちおうじょう》」 …… 25

「判官《ほうがん》びいき」 …… 27

保元《ほうげん》の乱《らん》 …… 26

源《みなもとの》 義朝《よしとも》 …… 22、23、26

源《みなもとの》 頼朝《よりとも》 …… 22、24、25、26、27

武蔵坊弁慶《むさしぼうべんけい》 …… 25

屋島《やしま》の戦《たたか》い …… 24、26、28、29

■監修

木村　茂光（きむら　しげみつ）

1946年北海道洞爺村生まれ。大阪市立大学大学院博士課程修了後、東京学芸大学名誉教授。現在、帝京大学文学部教授、日本学術会議会員。歴史学研究会、歴史科学協議会、日本史研究会などの会員。『日本古代・中世畠作史の研究』（校倉書房）、『「国風文化」の時代』（青木書店）、『中世社会の成り立ち』（吉川弘文館）など著書多数。

■文（2〜21ページ）

西本　鶏介（にしもと　けいすけ）

1934年奈良県生まれ。評論家・民話研究家・童話作家として幅広く活躍する。昭和女子大学名誉教授。各ジャンルにわたって著書は多いが、伝記に『心を育てる偉人のお話』全3巻、『徳川家康』、『武田信玄』、『源義経』、『独眼竜政宗』（ポプラ社）、『大石内蔵助』、『宮沢賢治』、『夏目漱石』、『石川啄木』（講談社）などがある。

■絵

狩野　富貴子（かりの　ふきこ）

1945年高知県生まれ。広告関係の仕事を経て絵本、挿絵の世界に入る。作品に『たぬきのいとぐるま』（ひかりのくに）、『鉢かづき』『姨捨山』（ポプラ社）、『かげまる』（毎日新聞社）、『さよならおばあちゃん』（佼成出版社）、『ふくびき』（小学館）などがある。

■主な参考図書

『日本の武将７　源義経』著／安田元久　人物往来社
『人物叢書　源義経』著／渡辺保　編／日本歴史学会　吉川弘文館
『その時、歴史が動いた』5・21・33
編／NHK 取材班　KTC 中央出版

企　画・編　集　こどもくらぶ
装丁・デザイン　長江　知子
D　T　P　株式会社エヌ・アンド・エス企画
資料ページ協力　川口　明子

よんで しらべて 時代がわかる　ミネルヴァ日本歴史人物伝
源 義 経
――伝説になった悲劇の若武者――

2012年11月20日　初版第１刷発行　検印廃止

定価はカバーに
表示しています

監修者　木村茂光
文　西本鶏介
絵　狩野富貴子
発行者　杉田啓三
印刷者　金子眞吾

発行所　株式会社　ミネルヴァ書房
607-8494　京都市山科区日ノ岡堤谷町１
電話 075-581-5191／振替 01020-0-8076

印刷・製本　凸版印刷株式会社

ISBN978-4-623-06415-1
NDC281/32P/27cm
Printed in Japan

よんでしらべて 時代がわかる
ミネルヴァ 日本歴史人物伝

卑弥呼《ひみこ》
監修 山岸良二 文 西本鶏介 絵 宮嶋友美

聖徳太子《しょうとくたいし》
監修 山岸良二 文 西本鶏介 絵 たごもりのりこ

小野妹子《おののいもこ》
監修 山岸良二 文 西本鶏介 絵 宮本えつよし

中大兄皇子《なかのおおえのおうじ》
監修 山岸良二 文 西本鶏介 絵 山中桃子

鑑真《がんじん》
監修 山岸良二 文 西本鶏介 絵 ひだかのり子

聖武天皇《しょうむてんのう》
監修 山岸良二 文 西本鶏介 絵 きむらゆういち

清少納言《せいしょうなごん》
監修 朧谷寿 文 西本鶏介 絵 山中桃子

紫式部《むらさきしきぶ》
監修 朧谷寿 文 西本鶏介 絵 青山友美

平清盛《たいらのきよもり》
監修 木村茂光 文 西本鶏介 絵 きむらゆういち

源頼朝《みなもとのよりとも》
監修 木村茂光 文 西本鶏介 絵 野村たかあき

源義経《みなもとのよしつね》
監修 木村茂光 文 西本鶏介 絵 狩野富貴子

北条時宗《ほうじょうときむね》
監修 木村茂光 文 西本鶏介 絵 山中桃子

足利義満《あしかがよしみつ》
監修 木村茂光 文 西本鶏介 絵 宮嶋友美

雪舟《せっしゅう》
監修 木村茂光 文 西本鶏介 絵 広瀬克也

織田信長《おだのぶなが》
監修 小和田哲男 文 西本鶏介 絵 広瀬克也

豊臣秀吉《とよとみひでよし》
監修 小和田哲男 文 西本鶏介 絵 青山邦彦

細川《ほそかわ》ガラシャ
監修 小和田哲男 文 西本鶏介 絵 宮嶋友美

伊達政宗《だてまさむね》
監修 小和田哲男 文 西本鶏介 絵 野村たかあき

徳川家康《とくがわいえやす》
監修 大石学 文 西本鶏介 絵 宮嶋友美

春日局《かすがのつぼね》
監修 大石学 文 西本鶏介 絵 狩野富貴子

徳川家光《とくがわいえみつ》
監修 大石学 文 西本鶏介 絵 ひるかわやすこ

近松門左衛門《ちかまつもんざえもん》
監修 大石学 文 西本鶏介 絵 野村たかあき

杉田玄白《すぎたげんぱく》
監修 大石学 文 西本鶏介 絵 青山邦彦

伊能忠敬《いのうただたか》
監修 大石学 文 西本鶏介 絵 青山邦彦

歌川広重《うたがわひろしげ》
監修 大石学 文 西本鶏介 絵 野村たかあき

勝海舟《かつかいしゅう》
監修 大石学 文 西本鶏介 絵 おくやまひでとし

西郷隆盛《さいごうたかもり》
監修 大石学 文 西本鶏介 絵 野村たかあき

大久保利通《おおくぼとしみち》
監修 安田常雄 文 西本鶏介 絵 篠崎三朗

坂本龍馬《さかもとりょうま》
監修 大石学 文 西本鶏介 絵 野村たかあき

福沢諭吉《ふくざわゆきち》
監修 安田常雄 文 西本鶏介 絵 たごもりのりこ

板垣退助《いたがきたいすけ》
監修 安田常雄 文 西本鶏介 絵 青山邦彦

伊藤博文《いとうひろぶみ》
監修 安田常雄 文 西本鶏介 絵 おくやまひでとし

小村寿太郎《こむらじゅたろう》
監修 安田常雄 文 西本鶏介 絵 荒賀賢二

野口英世《のぐちひでよ》
監修 安田常雄 文 西本鶏介 絵 たごもりのりこ

与謝野晶子《よさのあきこ》
監修 安田常雄 文 西本鶏介 絵 宮嶋友美

宮沢賢治《みやざわけんじ》
文 西本鶏介 絵 黒井健

27cm　32ページ　NDC281　オールカラー
小学校低学年〜中学生向き

日《に》本《ほん》の歴《れき》史《し》年《ねん》表《ぴょう》

時《じ》代《だい》	年《ねん》	できごと	このシリーズに出《で》てくる人物《じんぶつ》
旧《きゅう》石《せっ》器《き》時《じ》代《だい》	四〇〇万年前《まんねんまえ》～	採集《さいしゅう》や狩《か》りによって生活《せいかつ》する	
縄《じょう》文《もん》時《じ》代《だい》	一三〇〇〇年前《ねんまえ》～	縄文土器《じょうもんどき》がつくられる	
弥《や》生《よい》時《じ》代《だい》	前《ぜん》四〇〇年《ねん》ごろ～	稲作《いなさく》、金属器《きんぞくき》の使用《しよう》がさかんになる	
		小《ちい》さな国《くに》があちこちにできはじめる	卑弥呼《ひみこ》
古《こ》墳《ふん》時《じ》代《だい》	二五〇年《ねん》ごろ～	大和朝廷《やまとちょうてい》の国土統一《こくどとういつ》が進《すす》む	
飛鳥時代《あすかじだい》	五九三	聖徳太子《しょうとくたいし》が摂政《せっしょう》となる	聖徳太子《しょうとくたいし》
	六〇七	小野妹子《おののいもこ》を隋《ずい》におくる	小野妹子《おののいもこ》
	六四五	大化《たいか》の改新《かいしん》	中大兄皇子《なかのおおえのおうじ》
	七〇一	大宝律令《たいほうりつりょう》ができる	
奈《な》良《ら》時《じ》代《だい》	七一〇	都《みやこ》を奈良《なら》（平城京《へいじょうきょう》）にうつす	鑑真《がんじん》
	七五二	東大寺《とうだいじ》の大仏《だいぶつ》ができる	聖武天皇《しょうむてんのう》
平《へい》安《あん》時《じ》代《だい》	七九四	都《みやこ》を京都《きょうと》（平安京《へいあんきょう》）にうつす	
		藤原氏《ふじわらし》がさかえる	清少納言《せいしょうなごん》
		『源氏物語《げんじものがたり》』ができる	紫式部《むらさきしきぶ》
	一一六七	平清盛《たいらのきよもり》が太政大臣《だいじょうだいじん》となる	平清盛《たいらのきよもり》
	一一八五	源氏《げんじ》が平氏《へいし》をほろぼす	
鎌《か》倉《まくら》時《じ》代《だい》	一一九二	源頼朝《みなもとのよりとも》が征夷大将軍《せいいたいしょうぐん》となる	源頼朝《みなもとのよりとも》、源義経《みなもとのよしつね》
	一二七四	元《げん》がせめてくる	北条時宗《ほうじょうときむね》
	一二八一	元《げん》がふたたびせめてくる	
	一三三三	鎌倉幕府《かまくらばくふ》がほろびる	
南北朝《なんぼくちょう》時代《じだい》	一三三六	朝廷《ちょうてい》が南朝《なんちょう》と北朝《ほくちょう》にわかれ対立《たいりつ》する	
	一三三八	足利尊氏《あしかがたかうじ》が征夷大将軍《せいいたいしょうぐん》となる	
	一三九二	南朝《なんちょう》と北朝《ほくちょう》がひとつになる	足利義満《あしかがよしみつ》